Tanulj meg imádkozni

A valódi imában megéled Istent
A valódi ima boldoggá tesz

Tanulj meg imádkozni
Első magyar nyelvű kiadás: 2017. május
© Gabriele-Verlag Das Wort GmbH
Max-Braun-Str. 2,
97828 Martkheidenfeld, Németország
www.gabriele-verlag.de

A magyar nyelvű kiadás a
© Gabriele-Verlag Das Wort GmbH
„Lerne Beten” című 2013. májusi kiadás alapján készült.
Minden tartalmi kérdésben a német
eredeti kiadás mérvadó.

Forgalmazza: Gabriele Kiadó - A Szó - Kft.
www.gabriele-konyvaruhaz.com

Borítókép: victoria p.-fotolia

Megrendelésszám: S174huPOD

ISBN 978-3-89201-760-8

Tanulj meg imádkozni

A valódi imában megéled Istent

A valódi ima boldoggá tesz

Gabriele

Gabriele Kiadó
A Szó

A szabad, egyetemes Szellem
az emberek, a természet és az állatok iránti
Isten- és felebaráti szeretet tanítása

Bevezető

Gabriele, aki Isten prófétája és követe a mai korra egy szeminárium-sorozat keretében számos kézzel fogható és praktikus tanácsot, valamint gyakorlatot tanított az isteni bölcsességből, melyeket a mindennapi életben alkalmazhatunk, és amelyekben a fokozatos szellemi fejlődés lehetősége rejlik.

Ez a könyv Gabriele magyarázatait tolmácsolja, melyek a *„Tanulj meg imádkozni – A valódi imában megéled Istent – A valódi ima boldoggá tesz"* című szeminárium alapját képezték.

Az emberek imádkoznak.
Az emberek kérnek.
Az emberek remélnek.

Az emberek Istenről kérdeznek. Hol van Isten? Hall engem Isten? Megért engem? Szeret engem? És igen: Van egyáltalán Isten? Ha létezik Isten, miért nem jelentkezik? Miért nem ad választ nekem?

Kérdés kérdés hátán!

Tudatosítsuk:
Isten Krisztusa és vele együtt örök Atyánk szelleme közelebb van hozzánk, mint a karunk vagy a lábunk.

Ha valóban ilyen közel van hozzánk, miért nem halljuk Őt? Aki ezt kérdezi, annak magától kell megkérdeznie: fogékony Istenre, vagy pedig önmagára, az egójára nyitott, és ezáltal Istentől elfordult?

Miért panaszkodnak sokan, hogy bár Istenhez imádkoznak, Istentől szinte semmilyen választ nem kapnak, és ha mégis, nem tudják, hogy az az élet nagy Szellemének válasza volt-e.

A „miért?" kérdést legtöbbször felebarátainknak vagy egy teológusnak tesszük fel. De hogyan adhatnának választ felebarátaink vagy a teológusok, ha maguk sincsenek abban a helyzetben, hogy bensőjükben meghallják Istent?

Az emberekhez intézett „miért?"-kérdés mindig további rejtélyekhez vezet, mert jó néhányan, akiket kérdezünk, a vállukat megvonva azt mondják: „Nem tudom, miért nem halljuk Istent."
A teológus pedig értelem szerint a következő választ fogja adni: „Ne legyünk nagyképűek. Az a kérdés, hogy miért nem halljuk Istent, a teológia tárgykörébe tartozik. Éppen ezek Isten titkai."
Miért, miért, miért! A válasz a „miért?"-ünkre nagyon egyszerű: ahelyett, hogy Istenhez mennénk, elfutunk előle.

Jézus azt tanította: *„Kérjetek, és adatik nektek, keressetek, és találtok. Zörgessetek, és megnyittatik nektek."*
Hová intézzük kérésünket?
Hol keressünk, és hol kopogtassunk?
Soha ne az embereknél, ne is egy teológusnál, mert ő is csak egy ember. Csak amikor az egyénben tudatosodik, hogy ő maga Isten temploma, és Isten benne lakozik, akkor tudja, hova fordulhat.

Meg kell tanulnunk bensőnkbe térni, megtalálni magunkban Istent.

Az imában, saját bensőnkben mondva, átélhetjük Istent.

De a valódi imát tanulni kell, mert helyesen imádkozni, bensőnkben imádkozni egy párbeszéd Istennel.
Sok ember elhadarja az imát, gondolatai pedig egészen máshol járnak, vagyis nem az imánál. Ez a kifelé irányult ima.

Jézus azt mondta: *„Kérjetek, és adatik nektek..."* Sok ember könyörög mégis Istenhez ezért vagy azért, és többnyire személyes dolgokért. Istennek emberi kívánságainkat kellene kiszolgálnia, melyek gyakran ellentétesek lelkünk üdvével.

Csak amikor az igazi tett-imára rátalál az ember, akkor határozza az meg földi életet. A tett-imák olyan hittel teli imák, amelyek boldogságra hangolnak bennünket.

Hogy találunk rá a tett-imára?

A valódi tett-imára csak akkor lelünk rá, ha kérő- és hálaimáink okait kikutatjuk, megvizsgáljuk, hogy tényleg olyanok vagyunk-e, mint amiért imádkozunk.
Csak ha imánk szívből jövővé vált, ha megtanultunk Isten Krisztusa erejének központjában imádkozni és imánkat érezzük is, akkor érezzük majd, hogy egyszerre csak egy olyan erő hordoz minket, mely mindig jelen van.

Ha azután imáinkat mindennapjaink során teljesítjük azáltal, hogy megtöltjük velük életünket, és egyben Isten akaratát tesszük, akkor közeledünk a szeretet központjához, mely bennünk van.
Istenhez jutunk.
A szeretet örök Istenéhez való lépésenkénti közeledés által hamarosan megérezzük, hogy Isten, a mi Atyánk Krisztusban, a Megváltónkban, több lépéssel közeledik hozzánk.

A tett-imák, melyeket mindennapjaink során megvalósítunk, fokozatosan tapasztalati imákká válnak.

Megéljük, megérezzük és megtapasztaljuk, miként válik Isten közelsége egyre tudatosabbá számunkra.

Megtapasztaljuk mindennapjaink során, hogy Isten szeretete mellettünk áll és segít, megéljük jelenlétét érzéseinkben.

Békésebbekké válunk.

Istenben való bizonyosságra és bizalomra teszünk szert. Egyre inkább bevonjuk Istent a munkánkba is, egyre inkább az Ő erejével dolgozunk, és megéljük Őt mindennapjaink során.

Hirtelen jobban megértjük kollégáinkat, és tudunk nekik segíteni anélkül, hogy kérkednénk. Több helyzetben felfigyelünk és ráismerünk Isten létezésére.

Számos olyan úton válaszol Isten, amelyek eleinte számunkra még ismeretlenek.

Tanuljunk meg először szabadokká válni önmagunktól, gondolatsablonjainktól, melyek a szenvedély, gyűlölet, irigység, kívánságok és vágyak körül keringenek.

Ez a szövevény átjárja érzéseinket és gondolatainkat.

Szavaink pedig szintén annak jegyét viselik, amit gondolunk, érzünk, akarunk. Ebből adódik az idegrendszer nyugtalansága, mely az egész emberre kihat, aki azután újra és újra a körül kering, ami a fejében zajlik. Ez, ahogy a bevezetőben is áll, az Istentől való elfordulás.

Ebből az „ilyen vagyok"-ból tesszük fel azután a sok kérdést: „Hol van Isten?", „Miért nem hall engem?", „Vagy mégiscsak ért engem?", „Esetleg nem szeret?", „Vagy mégis szeret?".
Ha valaki belegabalyodik a saját szövevényébe, az saját balszerencséje felé halad.

A közmondás is azt mondja:
„Mindenki a saját szerencséjének kovácsa."
Ha kibővítjük ezt a kijelentést, akkor úgy is szólhatna, hogy mindenki saját balszerencséjének is a kovácsa, és végső soron mindannak okozója, ami éri.
A legtöbb ember, aki folyton azt emlegeti, hogy menynyit imádkozik, önmagával foglalkozik, vagyis saját személye körül forog úgy, hogy alig veszi észre, hogyan van felebarátja.

Kezdjük a kérdést saját magunknál ezzel: Fel tudom-e fogni azt, amiért magamban, a legbensőbb énemben imádkozom? És: Olyan ember vagyok-e, aki azt teszi a mindennapokban, amiért imádkozik?

Tudatosítsuk: együttérzés nélkül, anélkül, hogy beleéreznénk abba, amiért imádkozunk, nem érjük el Istent.

Ahhoz, hogy közeledhessünk Istenhez az imában, egyre inkább csendesekké kell válnunk. Csendessé pedig csak akkor válunk, ha legyőzzük önmagunkat Isten Krisztusának erejével, ami azt jelenti, hogy minden olyasmitől megszabadulunk, ami közénk és Isten közé áll.

Ha készen állunk a túlságosan emberit Krisztus Szellemével átalakítani, nyugodtabbakká válunk.
Imáink azután először szemlélődő imák lesznek, ami azt jelenti, hogy imagondolatainkat megszemléljük, megvizsgáljuk abból a nézőpontból: Vajon a mindennapokban imáimnak megfelelően viselkedem-e?

Amikor például emberekért, állatokért vagy a Földanyáért imádkozunk, tegyük fel a kérdést:

Hogy viszonyulunk embertársainkhoz? Hogyan érzünk állattestvéreink iránt? Mennyire érezzük a Földanyát önmagunkban?

Meg kell tanulnunk beleérezni imáinkba, kifejleszteni az együttérzést, hogy megérezhessük, hogyan megy a soruk az embernek, az állatoknak, akikért imádkozunk, vagy épp a Földanyának.

Minden célunkat, kérésünket, melyeket Isten elé tárunk, először saját bensőnkbe kellene vinnünk, és ott rezegni hagyni, hogy beleérezzünk a szituációkba abban a tudatban:
Amit nem akarok, hogy mások velem tegyenek, azt másoknak se okozzák, se én, se embertársaim.

Beleérzek tehát a szituációkba, és azt mondom magamnak: „Ezt nem akarom átélni." Ilyen alapon bizonyos együttérzéssel leszünk képesek felebarátunkért imádkozni.

Így egészen fokozatosan elérjük a valódi imát.

A valódi imában, e mély együttérzésben, mely élővé válik bennünk, hamar észrevesszük, hogy felemel bennünket egy olyan erő, melyet korábban nem ismertünk.
Azt érezzük:
Ez Isten válasza.
A Szellem, aki megérint bennünket.

Kérő- és hálaimáink tapasztalati imák lesznek. Nem keressük kényszeredetten a szavakat. Érezzük, ahogy imáink lassacskán bensőnkből fakadnak, lelkünk az, aki segít, elkezd velünk együtt imádkozni.

Engedjük, hogy bensőnkből imádkozzunk, akkor imáink valódi, egyre önzetlenebb imakérések és mély kívánságok lesznek felebarátunkért, a Földanyáért.

Azok az imák, amelyek csak saját személyes, emberi kéréseink körül keringenek, a körül, ami nekünk kedvez, számunkra előnyös, azok a bizalom hiányát mutatják Istenben, aki minden dologról tud.

A szívből jövő imák, az élmény- vagy tapasztalati imák, az együttérzéssel teli imák nem korlátozódnak az emberi, a túlságosan emberi szűkös világára. Leginkább a nagy egészre vonatkoznak.
Ezek az imák emberekért szólnak, a tisztulási övezetekben lévő lelkekért, emberekért, akik éppen eltávoznak, emberekért, akik születnek, a természetért – sok kérés a nagy egészért, abban a tudatban, hogy Isten mindent átfogó, egyetemes ereje, az Ő hatalmas sugárzása mindig azt éri el, ami jó.

Tudatosítsuk: minden ima, amely csak eszköz a cél eléréséhez, a túlságosan emberi alantas természetéből fakad, és ezért nem talál meghallgatásra Istennél.

Az Istennel kapcsolatos sok kérdés emberektől, akik imádkoznak, de nem kapnak választ, azok „táv-imák", ami azt jelenti, hogy számukra Isten nagyon messze van. Az ilyen imákra nem visszhangzik a szív, mert csak a külsőben mondták ki a szavakat, miközben a gondolatok egy teljesen más világban vannak: az emberi én világában.

Tanuljuk meg magunkat kozmikus lényként többre értékelni, mint alantas emberi énünket, akkor eltávolodunk önmagunktól, saját önző magatartásunktól. Ekkor imáink mélyebbekké és bensőségesebbekké válnak.

A túlságosan emberi eltávolít bennünket Istentől. Csak ha megtanultunk eltávolodni a panasztól, az önvádtól, akkor fogjuk megérezni, hogy Isten közelebb van hozzánk.
Ha szívből kérjük Őt, hogy támogasson bennünket abban, hogy a túlságosan emberit legyőzhessük önmagunkban, akkor a segítség is jelen van.

A Szellem ereje segít, hogy legyőzzük önmagunkat. Nyugodtabbakká válunk és egyre mélyebbre hatolunk bensőnkben, míg elérjük a Krisztus-Isten-Központot, amely fizikai szívünk közelében világít. Ekkor imáinkat a Szeretet Szelleme hordozza, és egyre inkább észrevesszük: lelkünk imádkozik, benső lényünk, akik Istenben vagyunk.

Sokan vádolják magukat Istennél: ez az önvád, amely az önmagunkkal szembeni elégedetlenségből fakad. Az önvád mindig az Istenben való bizalom hiánya, melynek következtében Isten vigasza várat magára.

okan azért imádkoznak, hogy Isten támogassa felebarátjukat annak szenvedésében, balszerencséjében. Csak ritkán teszik fel maguknak a kérdést az imádkozók, mekkora együttérzést táplálnak azok felé, akikért imádkoznak.

Csak ha az ember megtanult beleérezni felebarátja szenvedésébe, ha megtanulta azt érezni Isten Krisztusának központjában, amely saját magában van: csak akkor imádkozik valójában.

Annak mértékében, amennyire érezzük, hogyan érzi magát embertársunk, akiért imádkozunk, mit kell elviselnie, csak ha belénk hasít az ő fájdalma és szenvedése, akkor mondhatjuk el, hogy imádkozunk.
A benső részvét nélküli ima nem ima, csak az ima szavainak elmotyogása.

Másokért imádkozni azt jelenti tehát, hogy beleérzünk a másik fájdalmába, ínségébe, betegségébe. A szívünknek kell fájnia a miatt, amin a másik épp keresztülmegy. Csakis ekkor adatik meg nekünk, hogy erőimpulzusokat küldhessünk.
Ezek a valódi, mély erőimpulzusok, melyek imánkból áramlanak, pozitív gondolati energiák, melyek bizonyos

körülmények közt segíthetnek felebarátunknak, hogy megértse, vagy akár elviselje saját szenvedését, vagy segítenek neki, hogy az imában Krisztushoz találjon, aki a segítő, a tanácsadó, a gyógyító.

Aki megtanulja, hogy magát és felebarátját Istenre bízza, vagyis hogy szívből, érzéssel és együttérzéssel imádkozzon, az saját szívében is érezni fogja, hogy saját vagy felebarátja baját Krisztus ereje, a Belső Orvos és Gyógyító megszólítja.
A saját és felebarátunk szívében érzett vigasz boldoggá tesz bennünket. Ezek a valódi, mély tapasztalati imák.

Amint beágyazva érezzük magunkat Isten szeretetébe és bölcsességébe, nem fogunk többé magunknak kérni, mert a lélek imája Isten imádata, melyből erőimpulzusok áramlanak embertársaink felé.

Az Isten és a felebarát iránt érzett szeretet a legmagasabb ima. A „Szeresd felebarátodat" azt jelenti, hogy megértjük őt, beleérzünk a helyzetébe, hogy megérezzük, hogy van. Ezekből az önzetlen imákból fejlődik ki az Istennel való párbeszéd.

A valódi ima szellemi érettséghez is vezet. Mert csak amikor megéljük bensőnk csendjét, és a lelkünkből fakadó fenséges boldogságot, akkor fogjuk tudni: ez Isten válasza.

Amíg elérjük ezt az önzetlen imádkozást, újra és újra tanulnunk kell.

Imánkban meg kell éreznünk a hatalmas egységet is, ami ismét az Isten iránti szeretetből fejlődik ki.

Menjünk ki a természetbe, nyissuk nagyra a szemünket, és hagyjuk, hogy a természet bensőnkbe költözzön!

Érezzük meg, hogy minden fűszál, minden bokor, minden fa, minden állatka és minden ásvány él.
Az, hogy megérezzük az életet, ugyancsak Isten válasza.

Tanuljunk meg ebben a nagy egységben élni, akkor megérezzük, hogy minden teremtménnyel összeköttetésben állunk, eloldódva, egyben függetlenül tértől és időtől, megérezzük az örök létezést, amely a Szeretet Napja alatt mind jobban kivirágzik.
Ez a jelenvaló élet, amely boldoggá és szabaddá tesz.
Ez a valódi imádkozás.

Tanuljunk meg tehát imádkozni, akkor megtanulunk élni, és a nagy egész egy részeként létezni. Ezáltal átéljük Isten jelenlétét és válaszát különféle formában és módon.

Mindaddig, amíg szívünkben féktelenek vagyunk, mindaddig, amíg imáink csak eldarált imák, addig kifelé imádkozunk, és végső soron létünk ürességét érezzük, ami körülvesz bennünket, mert Isten nem szólít meg minket. Igen, Ő nem tud megérinteni bennünket, mert valójában nem fordulunk felé, nem vettük fel a kapcsolatot vele, nem hoztuk azt létre.
Isten csak a bensőnkben jön közelebb hozzánk, valódi, mély imáinkban.

Tudatosítsuk tehát: bármiféle Istenkeresés a külsőben hiábavaló. Ahogy az ajkak imája sem szólít meg semmit a szívben.

Amikor imádkozva bensőnkben Istennel találkozunk, csak akkor érezzük meg a nagy, kozmikus együvé tartozást, és mindenütt át fogjuk élni Istent, mindenesetre nem a külsőben, hanem mindabban, amivel találkozunk.

Az emberek sokszor félnek attól, mi minden érheti őket. Nyugtalanná és kifelé irányulttá válnak emiatt. Tudatosítsuk: semmi olyan nem érhet bennünket, amit nem mi magunk küldtünk ki, amivel előzőleg tehát nem mi találtunk el másokat. A mennyet és a poklot is mi hozzuk létre magunknak. Mindkettő belső tudatosulás, melyeket időben tudatosítanunk kellene, hogy a „poklot" elkerüljük. Rajtunk múlik, mit hozunk ki életünkből.

Mindennapi jelmondatunk ez lehetne: Légy nyugodt. Küzdd le nyugtalanságod Isten Krisztusának erejével azáltal, hogy megtisztítod, ami végbemegy benned, mert minden zaklatottság gondolatainkban és érzéseinkben nyugtalanná tesz bennünket, elveszi szabadságunkat, nem enged elcsendesedni és érzéseink tudatában imádkozni.

Lelkünk csak akkor képes Istenben nyugodni, ha túlságosan emberi énünk által nem bolygatjuk fel.
Ha Isten Szelleme táplálni tudja lelkünket, mert elcsendesedtünk, akkor érezni fogjuk bensőnk „tápértékét": a nyugalmat az emberben, a csendet, a végtelenséggel való egységet. Ez valódi lényünk. Ez viszont csak akkor sikerül, ha mindennap tanulunk, tanulunk és tanulunk – tanulunk imádkozni.

Az egyházi keresztények nagy része elfelejtette, hogyan kell imádkozni. Velünk is ez a helyzet? Ha szemügyre vesszük világunkat, be kell vallanunk magunknak, hogy noha a nyugati világban az emberek keresztényeknek mondják magukat, a valódi kereszténységtől azonban nagyon messze eltávolodtak. Az úgynevezett keresztények legtöbbje imautánzóvá vált. Azt szajkózzák, amit az egyházi tisztségviselők imádkoznak hangosan előttük. Elfelejtették élni imáikat.

Manapság a látszatkereszténység torzszüleményeit tapasztalhatjuk, idegengyűlöletet a testvéri szeretet helyett. A látszatkereszténység azt követi, hogy az adott vallás mellett hitet tegyünk, nem pedig a felismerést, hogy Jézus, a Krisztus lába nyomán vándoroljunk.

A tapasztalati ima során, a beleérzéssel és együttérzéssel érzékenyebbekké válunk. Akkor – ha azt szeretnék – segítő kezet nyújtunk az embereknek, hogy saját szellemi tapasztalatainkból segítsünk nekik és szolgáljuk őket.

Ha ez egyelőre nem lehetséges számunkra, mert adott esetben felebarátunk ellen vagyunk, akkor sem neki, sem más felebarátunknak nem kellene tanácsot adnunk.

Aki nem képes a saját benső, szellemi életszubsztanciájából nyújtani belső vigaszt, az nem tudja a többi embert sem arra az útra vezetni, ami által a belső csendbe térhetnek, ahol a Belső Vezető, Tanácsadó, Segítő és Gyógyító vár rájuk.

Gondoljunk csak bele, mit is jelent ez: az imának és az életnek egységet kellene képeznie.

Sokan emberekre építenek, és újra meg újra csalódnak.

Aki nem emberekre hagyatkozik, hanem az Örökkévalótól kér segítséget, tanácsot és gyámolítást, azt nem hagyhatja el egyetlen ember sem, mert nem az emberekre, hanem Krisztusra épít, az örök Szellemre, aki mindenben jelen van.

Különösen manapság kellene tudatosítanunk, hogy mindenben ott van Isten, hogy mindenben Isten szíve lüktet, és az Örökkévaló ősalapjában kellene gyökereznünk, és benne kellene élnünk.

Ha imáinkban erre törekszünk, akkor bensőnkből fakadóan leszünk boldogok, és érezzük, hogy egyesültünk a nagy Szellemmel.

Aki imáiban befelé fordul és szívében megérzi felebarátját és az egész végtelenséget, annak hatalma lesz az Istenszellem birodalmába vezető belső kaput kitárni.

Ha a valódi ima által, amit gyakorolnunk és ápolnunk kell, rátalálunk szívünkben Istenre, akkor mindenhol érzékelni fogjuk Őt, mint a Mindenütt-Jelenlévőt, a Jóságosat, a Kedveset, a Szeretetteljeset, a Szeretet Szellemét.

Akkor megtapasztaljuk, hogy minden emberen, minden virágon, minden bokron és fán, minden ásványon keresztül Isten néz ránk.

Egy állat minden hangjában, a szélben, a nap sugaraiban, minden vízcseppben és homokszemben megtapasztaljuk majd a mindenható sugárzást, a Mindenhatót, és nem vagyunk egyedül: egyek vagyunk vele, és a szeretet ereje vesz körül bennünket.

Tanuljunk meg a bensőnkben imádkozni, valódi, tapasztalati imával, a beleérzésen, együttérzésen keresztül, részvéttel minden iránt, ami körülvesz minket, az iránt, amit látunk, vagy nem látunk, valamint minden ember, lény és életforma iránt! Ekkor járjuk az életbe vezető utat, mert Isten az egyetemes élet. Napjaink fényesek lesznek, a benső nap sugározza át őket. Megéljük Istent ébredéskor: Ő itt van velünk.
Minden pillanatban érezzük: Isten itt van velünk. Este, amikor nyugovóra térünk, érezzük: a mélységes nyugalom, Isten, velünk van.
Tanuljunk meg halhatatlan lényként élni, mert csak akkor élünk valójában.

Néhányan azt kérdezik:

Vajon helyesen imádkozom?

Úgy imádkozom, hogy Krisztus meghallgat és megért?

Végezhetünk egy gyakorlatot, hogy megtanuljuk, hogyan találjunk önmagunkra.

Előtte egy kérdés: Mit tennénk abban a helyzetben, ha például zavarossá válna tévékészülékünk képe? Elsőként biztos arra gondolnánk: talán az antenna állítódott el, vagy a parabola vevője nincs megfelelően beállítva. Hamar kerítenénk egy szerelőt, hogy az antennát vagy a parabolát beállítsa, hogy ismét szép, tiszta képet láthassunk a képernyőn.

Mindannyian adó- és vevőállomások is vagyunk. És mindannyiunkban olyan képek kelnek életre, amelyek megfelelnek belső irányultságunknak, élethez való hozzáállásunknak.

Mi emberek olyanok vagyunk tehát, mint egy antenna, amelyet be kell állítani. A külsőben ehhez igénybe vehetünk egy segítséget: az egyenes, meditatív testtartást. Ha például kényelmesen egy székbe vagy fotelbe süppedünk, úgy antennánk nem Istenre irányul. Ahhoz, hogy képesek legyünk befelé fordulni, fel kell vennünk a megfelelő tartást a belső élet iránt, akkor érezni fogjuk, hogy néhány dolog rendeződik bennünk.

Ezt a keresztény testtartást a nap folyamán általánosan fel kellene vennünk, de az ima során különösen tudatosan.

Testünket, amennyire lehet, könnyeddé kellene tennünk, hogy a belső élet impulzusait fogadni tudjuk. Erre való a következő gyakorlat.

Hozzászoktunk, hogy nekitámaszkodunk a széknek, valójában a háttámla erre való. De mi lenne, ha csupán farkcsontunkat támasztanánk meg, azaz egyenesen ülnénk?

Próbáljunk meg úgy ülni, hogy csupán farkcsontunkat támasztja meg a háttámla. Mindkét lábfejünk egymás mellett nyugszik a padlón.

Gerincoszlopunk tartja fejünket: kinyújtva és egyenesen.

És most figyeljünk befelé.

Azt tapasztaljuk, hogy valami megváltozott.

Most fordítsuk figyelmünket a jobb kezünkre. Jobb kézfejünket helyezzük bal tenyerünkbe.

Többen tudjuk már, hol lüktet a Rend központja: a farkcsont közelében.

Egymásba helyezett kezeinket, a jobb kézfejet a bal tenyérbe, közel húzzuk a Rend központjához, a testhez.

Ebben a testtartásban imádkozunk személyesen önmagunkért. Kapcsolatba lépünk Isten bennünk lévő nagy szellemével.

Behunyhatjuk szemünket, hogy jobban érezzük testünket.
Érezzük, hogy mind külső, mind belső tartásunk más, mint egyébként. Megérezzük, hogy készen állunk az imára.

Most forduljunk bensőnk felé.
Isten Krisztusa felé fordulunk, aki bennünk van, a Krisztus-fény felé fizikai szívünk közelében.
Érzékeinket befelé fordítjuk, hogy megérezhessük, ahogy gondolataink eltávolodnak tőlünk.
Azt is megfigyelhetjük, hogy lélegzetünk mélyül.

Érezzük, hogy nyugodtabbakká válunk.
Figyeljük, ahogy a fej és a szív egységbe kerül, mert nyugalom költözik belénk.

Nem fogadunk be egyetlen gondolatot sem.
Légzésünk most nyugodt és mély.

Most szívbéli kívánságainkért imádkozunk.

Nem keressük az ima szavait.
Hagyjuk, hogy jöjjenek az imagondolatok és bevisszük
őket a Krisztusfénybe, amely fizikai szívünk közelében
világít.

Imagondolatok alakulnak ki.
Ekkor megpróbálhatunk Krisztus fényében, a Krisztus-
központban imádkozni.

Adjunk magunknak időt. Imádkozni tanulunk.

Érezzük, hogy testünk most sokkal könnyedebb: egy-
részt a meditatív ülőtartásnak, az imatartásnak kö-
szönhetően, másrészt, amiért a bennünk lévő Krisztus-
fényben imádkozunk.

Térjünk vissza ebből a gyakorlatból, hogy áttérjünk a
következőre.

Ebben az ima-testtartásban maradunk.

Gondolatainkban most embertársainkért, az állatokért, a természetért akarunk imádkozni.

Tudatosítsuk ismét, hogy adó- és vevőállomások vagyunk.
Az imént magunkért imádkoztunk, most embertársainkért, a természetért és az állatokért, mindenért, ami a szívügyünk.

Ehhez megnyílunk.
Tegyük mindkét kézfejünket combunkra, és húzzuk közel őket a törzsünkhöz.

Érezzük ismét testünk könnyedségét. Tenyerünkben nagyon finoman vibrálást érzünk. Ez azt jelenti: a lélek adni szeretne. A bennünk lévő fény és a lelkünk el akarja juttatni imánkat testvéreinkhez, minden életformához.

Ismét befelé fordulunk.
Befelé fordítjuk érzékeinket, és elképzeljük a Krisztusfényt szívünk közelében. Harmonikusan lüktet és világít.

Tárjuk most Isten Krisztusa elé imakéréseinket felebarátainkért, a természetért, az állatokért, a Földanyáért.

Krisztust kérjük az emberekért, a különböző életformákért.
Ezeket az imakéréseket a lüktető Krisztus-erőbe helyezzük, és imádkozva ebben a belső erőben maradunk.

Ima jön létre bennünk, mert imagondolatok jönnek. Ne keressük az ima szavait, hagyjuk, hogy hozzánk találjanak.

Testünkön átáramlanak az imakérések. Kifelé áramlanak. Tenyerünkön, ujjbegyeinken keresztül ahhoz az emberhez jutnak, akiért imádkozunk, ahhoz az életformához, amellyel imánkban törődtünk.

Isten Krisztusának bennünk lévő központja felől áramlik az erő rajtunk keresztül felebarátunkhoz.
Bárhová is irányítsuk imáinkat, ha azok valódi, szívből jövő kívánságok, akkor azokat embertársaink vagy az életformák, akikért imádkoztunk, fogadni fogják.

Térjünk vissza most ebből az imagyakorlatból is.

*I*smét zárjuk az imakört, miközben jobb kézfejünket ismét bal tenyerünkbe helyezzük.

Egymásba helyezett kezeinkkel újra a Rend központjára irányulunk.

Áramlani kezd bennünk egy energetikai körforgás.
A szellemi erő e körforgása érzékelhetővé válik: nyugodtabban lélegzünk. Jobban tudunk összpontosítani. Könnyedebbnek és frissebbnek érezzük magunkat. Megérezzük Isten Krisztusának közelségét.

Térjünk vissza ebből a gyakorlatból is.

Volt, akinél gondolatok jöttek, melyektől nem tudott megszabadulni, melyek még az ima alatt is nyomasztották. Ha lehet, ezeket a gondolatokat elemezzük még az ima előtt, tárjuk fel az okokat, hogy aztán megtisztíthassuk őket. Ezáltal nyugodtabbakká válunk, és egyre inkább képesek leszünk mély imába térni, a tapasztalati imába, amely ugyanakkor a felismerés imája is.

Ha nyugodtan és megfontoltan imádkozunk, akkor belső mélységet tapasztalunk. Nem küzdünk imaszavakért, lelkünkből finom imaérzések áramlanak, melyek agyunk felé úsznak, és például általuk konkrét imakérések vagy -gondolatok keletkeznek felebarátunkért. De ha valami mozgásban tart bennünket, nyugtalanságot érzünk még az ima alatt is, akkor ezen keresztül átélhetjük, hogy tudatalattink aktív, hogy jönni akarnak azok a gondolatok, melyeket esetleg elnyomunk.

A nyugtalanság, mely jelentkezik, amikor leülünk imádkozni, amikor tehát imádkozni akarunk, mindig arra utal, hogy valami még fennáll, esetleg már régóta, amit meg kellene tisztítanunk.

Alapjában véve örvendetes, hogy épp akkor, amikor imádkozni szeretnénk, ilyen gondolatok kezdenek ránk telepedni: arra utalnak, hogy valamit jó ideje meg kellett volna tisztítanunk.

Munkánk vagy egyéb tevékenységeink során csak úgy cikáznak a gondolataink automatikusan anélkül, hogy sokszor ennek tudatában lennénk. Ha azonban vissza-vonulunk, hogy imádkozzunk, akkor szó szerint megro-hannak bennünket. Ez azt mutatja, hogy lelkünk szeret-ne ettől a bajtól megszabadulni.

De az is lehetséges, hogy épp, amikor imára készülünk, jelentkezik tudatalattink, és meghiúsítja minden jó szándékunkat. Ekkor nem tanácsos így gondolkodni: „Félretolom ezeket a gondolatokat, mert most imádkoz-ni akarok!", hanem inkább azt mondhatnánk: „Hoppá! Mit kell rendeznem? Ezt most azonnal elemzem és megtisztítom."

Nem volna tanácsos nyomasztó és egyben kényszeres gondolatainkat egyszerűen csak felírni, aztán a jegyze-tet odább tolni, majd újra irányulni és elhatározni, hogy „Most imádkozom egyet személytelenül".

Sokkal inkább ezeknek a gondolatoknak a tartalmát kel-lene először is tudatosítanunk, arra törekedve, hogy az önmagunkkal kapcsolatban felismerteket Krisztussal megszüntessük.

Vegyük fel az egyenes imatartást, de ezúttal azzal a cél-lal, hogy csak önmagunkért imádkozzunk. Imánkban kérjük azután Krisztust, hogy támogasson bennünket, hogy letisztíthassuk azokat a gondolatainkat, melyek okait megvizsgáltuk és amelyekben felismertük egónk összetevőit – persze, csak ha akarjuk.

Ez fontos! Akarnunk kell, és fájnia kell. Bizonyos mértékű fájdalommal kell járnia, hogy még mindig olyanok vagyunk, amilyennek gondolataink tartalmai mutatnak bennünket. Ha ez így van, akkor érezni fogjuk a segítséget is.

Ez a következőképp is történhet: Imádkozni akarunk. Egyfajta rendezetlenség, szétszórtság nem enged bennünket igazán elcsendesedni. Ekkor tudatosan engedjük, hogy a negatív érzés, mely mocorog bennünk, gondolatot öltsön, amelyet már meg tudunk fogalmazni. Ha zavaró gondolataink és érzéseink nem olyan súlyosak és kényszerítőek, feljegyezzük őket. El fognak távolodni tőlünk, ha ezzel a kéréssel fordulunk Krisztushoz. Ekkor nyugodtabbakká válunk, és képesek leszünk bensőleg imádkozni, ahogy elhatároztuk.

Imánk végeztével azt is meg kellene tisztítanunk, ami gondolatainkban, nyomasztó gondolatainkban rejlik, például embertársainkkal szemben. Amennyiben a természet aspektusai ellen követtünk el bűnt, azt a Nagy Szellemmel, a természet Teremtőszellemével tisztítsuk meg. Ezután határozzuk el szilárdan, hogy hasonló gondolatokat nem ápolunk többé magunkban, illetve nem tesszük többé azt, amire gondolataink folyton-folyvást unszoltak.

A lényeges mindig az ima, a segítség kérése Krisztustól, aki bennünk lakozik. Ő támogat bennünket, feltéve, hogy téves magatartásunktól meg akarunk szabadulni. Ez a mérvadó.

Hogy valóban megtanuljunk imádkozni, magunkkal szembeni őszinteségre van szükség. Minden egyes nap más, mint a többi. Figyeljük meg magunkat kritikus szemmel: abban a pillanatban, amikor imagondolatok után kezdünk kutatni, akkor a fejünkben, a tudatalattinkban keresünk. Ekkor fel kellene ismernünk: elfojtunk gondolatokat, és görcsösekké válunk.

Ha tehát az ima alatt is problémás gondolatok csapnak le Önre, ne fojtsa el őket! Vegye őket szemügyre, mert képek formájában mutatkoznak meg. Írja fel őket, és ha bensőjében nyugodtabbá vált, térjen ismét az imába.

Kérje Krisztus támogatását és segítségét, hogy a túlságosan emberit, amit bűnnek vagy téves magatartásnak is nevezhetünk, felismerjük és letisztítsuk.

Arra törekszünk, hogy nyugodtabbak legyünk. A belső csendbe szeretnénk térni, hogy szívünkből tudjunk imádkozni, mert a valódi ima párbeszéd Istennel. Ez boldoggá tesz bennünket, hitünkben megerősít, biztosabb talajon fogunk állni a mindennapokban. Miért? Mert érezzük az Ő jelenlétét.

Miért rohan meg bennünket gyakran rengeteg gondolat éppen akkor, amikor imádkozni szeretnénk?
Jelenítsük meg magunknak: a tudatalattinkban rengeteg olyan dolog van elfojtva – kívánságok, igények és törekvések, vétkek és más egyebek –, amelyekkel megterheltük magunkat, mert nem akartuk ezeket éber tudatunkban érzékelni. Ezek a negatív energiák tudatalattinkban elraktározódnak, és onnan hatnak érzeteinkre, érzéseinkre, gondolatainkra és tetteinkre.
Ezeknek a beadagolásoknak kell a mélyükre hatolnunk, dolgozni rajtuk, letisztítani őket, hogy megszabadulhassunk tőlük.
Határozzuk csak el, hogy imádkozunk, törekedjünk az elcsendesedésre: tudatalattink azonnal reagál.
Kihasználja az alkalmat, hogy lecsapjon ránk, hogy minden körülmény ellenére keresztülvigye azt, amit akar, amit az emberiből nem vallunk be magunknak, de mégis bennünk van.

Ha tehát gondolatok törnek ránk, jegyezzük fel őket.
Kérjük a Szellem segítségét és támogatását, hogy letisztíthassuk mindezt.

Megismétlem: akkor, ha valóban akarjuk – és a felismerteket meg is valósítjuk. Ha ezután ezek a gondolatok újfent megjelennek, ne engedjük őket magunkhoz. Kérjünk viszont ismét segítséget: „Uram, kértelek Téged, hogy változtasd át ezeket az aspektusokat. A lábaid elé helyezem most ezeket a gondolatokat, és kérlek, segíts, hogy ne ápoljam őket többé."

Térjünk újra meg újra a bensőnkbe, a meditatív imába, és megtapasztjuk, hogy Krisztus mellettünk áll. Érezzük magunkban a Szellemet. Ez a belső megtapasztalás és megérzés bensőnkből fakadó boldogságérzetet és örömet szerez. Sokkal nyugodtabbak és jóindulatúbbak leszünk embertársainkkal, a mindennapokban pedig sokkal hatékonyabbak leszünk. Aki hajlandó és készen áll arra, hogy a túlságosan emberit az Ő segítségével megszüntesse, annak napról napra jobban megy majd a sora.

Elsőként tehát a felismerés imája jön, ezt követi a tett-ima.

A tett-ima azt jelenti, hogy úgy érezzük, valóban szívügyünk az, hogy az embereknek, a természetnek és az állatoknak jól menjen a soruk. Egyre kevésbé értékelünk, azaz egyre kevésbé becsülünk le másokat, egyre kevésbé irigykedünk. A túlságosan emberinek eme becsvágya egyre inkább visszahúzódik, mert Isten Krisztusának erejével dolgozunk. Lelkünk világosabb lesz, az ember pedig szabadabb. Ez azt jelenti, hogy idővel a lélek imádkozik.

A lelkünk mélyéről fakadó ima bensőséges hálaima, önzetlen ima, ami lelkünkből kiindulva saját magunkat is boldogsággal és örömmel tölt el. Belső öröm ez, mert megérezzük emberekként is, hogy közelebb kerültünk Istenhez.

Ez azonban gyakorlást kíván: állandó, folyamatos tanulást. Kérem, ne adják fel! Újra és újra gyakorolni, újra és újra imádkozni, imádkozni, míg benső, igazán mély kívánsággá nem válik bennünk, hogy olyan legyen a mindennapokban is viselkedésünk, mint imáink. Ezáltal képesek leszünk alkotni, az Élet erejéből merítünk, ami bennünk van.

Akit valóban az a vágy fűt, hogy önmagára találjon és Krisztushoz közelebb kerüljön, az kész tanulni is.

Aki szeretne, az tapasztalatokat gyűjt azzal kapcsolatban, miként hatnak rá és benne a különböző ülőhelyzetek.

Ha például elterpeszkedünk egy széken, milyen gondolatok jönnek? És hogyan érzik magukat akkor, ha tudatosan egyenesen ülnek a farkcsonton nyugodva? Figyeljék meg, és emlékeztessék gyakrabban önmagukat erre.

Az imatartást, melyről már beszéltünk – egyenes ülőtartás, mindkét láb a padlón nyugszik – szintén meg kell tanulni. Saját tapasztalatból mondom: ha beszélgetés közben is felveszi ezt az ülőtartást, sokkal könnyebben fog menni, hogy meghallgassa beszélgetőpartnerét, és hogy helyes választ adjon neki. Sokkal gyorsabban és biztosabban találja meg a törvényes megoldást – munkahelyén is.

Ha a falnak vagy az ajtófélfának dőlünk, szintén azt mutatja, hogy szétszórtak vagyunk. Egyáltalán nem tudunk teljesen felebarátunkra vagy egy tényállásra hangolódni, mert a falnak vagy az ajtófélfának való támaszkodásnak már korábban olyan gondolatok szolgáltak alapul, melyek ebbe a testtartásba vittek minket.

Megismertünk egy imatartást, mely tudaterőink össz-
pontosítását szolgálja és segíti.

Néhányan észrevették: túlságosan is könnyen ismét
visszaesünk, bár máshogy határoztuk el.

De meg kellene tapasztalnunk azt is, hogy mi történik,
milyen gondolataink támadnak, ha elterpeszkedünk a
széken. Bensőséges, Istennel összekapcsolódó gondola-
tok ezek? Megtanuljuk, hogy így soha nem fogunk tud-
ni intenzíven imádkozni.
Jönnek ugyan imagondolatok, azonban, ahogyan mi
magunk is érezzük, ezek kívülről jönnek. Ezek a felüle-
tes, eldarált imák. Ezekben vannak kívánságaink, gon-
dolataink, melyek teljes mértékben birtokba vesznek
minket. Próbáljuk ki, tegyünk szert saját tapasztalatok-
ra, így tanulunk.

Nem ok nélkül mondta nekünk Krisztus számos kinyi-
latkoztatásban, melyekben a lényeg az volt, hogy befo-
gadjuk az Ő sugárzását: „Vegyétek fel a külső és belső
tartást."
A tudatos, egyenes, végső soron fegyelmezett testtartás
nagy-nagy segítség a Belső Úton, a belső élethez veze-
tő úton. Egyfelől, hogy magunkra találjunk, másfelől,

hogy világosabban és gyorsabban felismerjük, a nap folyamán milyen gondolatokat indítunk útnak. Ha önmagunknál és önmagunkban egy gondolatot egyértelműen negatívként azonosítunk, akkor azt Megváltónk erejével le is tudjuk győzni.

A szellemileg tudatos, egyenes tartás figyelemről, egyenességről és bizonyos belső erőről tanúskodik. Ez a tartás a nagy Szellemmel szembeni belső alázat, a hála érzése Őfelé.

Gondoljunk mindig az antennára. Az ember egyszerre adó és vevő. Nyereség lenne számunkra, ha fegyelmeznénk magunkat, és önmagunkkal szemben is alkalmaznánk ezt az egyenes, szellemi tartást, miközben újra meg újra tudatosítjuk, kik is vagyunk valójában, például: „Ez a tohonya ember volnék csupán? Vagy van bennem egyfajta erő, mellyel szemben tartásomnak kellene lennie?" Ha ez tudatos számunkra, akkor így is fogunk tenni.

*T*apasztaljuk meg saját magunk!

Napközben, például egy személyes beszélgetés vagy telefonálás alkalmával világosan megfigyelhetjük: Ha kiegyenesítjük antennánkat, akkor érezzük, ahogy belülről segítséget kapunk. Ha például fáradtak voltunk, hirtelen több erő áramlik felénk. Ez a ráirányulásnak köszönhetően történik, amit idővel magától értetődően teszünk, amennyiben előtte megtanultuk. Egészen más emberekké válunk.

Megtanulunk igazából imádkozni. Megtanulunk felebarátunkkal megfelelő módon érintkezni. Örömtelibbek vagyunk. Felebarátunkhoz bensőnkből közeledünk – és még sok egyebet is megtanulunk.

Az egyenes tartás segít. A tudatos irányulás Krisztusra valóban előbbre segít bennünket.

Megérezzük, mit jelent, hogy „Isten birodalma bennünk van" vagy, hogy „Isten temploma vagyok".

Ebből alakul ki a vágy, hogy templomunkat tisztítsuk, hogy szabadokká váljunk, hogy elérjük azt a belső érzést, hogy „Isten jelen van".

Tudatosítsuk gyakrabban: Az ember csak burka a nagy, világos lénynek. A bennünk lévő világos lénynek pedig át kell sugároznia a burkot.

Ki volt a Názáreti Jézus?
Hogyan élt, és mit tanított
valójában?
Mi igaz a ránk maradt
hagyományból?
Mi Jézus életének
jelentősége?
Érvényes még ma is
az Ő tanítása?
A nagy isteni kinyilatkozta-
tási műben ezekre és további
kérdésekre is választ talál a
Názáreti Jézusról, az Ő életéről
és tanításáról.

Fedezze fel az igazságot Jézusról,
a Krisztusról és az Ő tanításáról:

Jézus gyermekkoráról és fiatalságáról · Jézus Hegyi Beszédéről és a Mózesen át kapott Tízparancsolatról · Jézus tanításának meghamisításáról az elmúlt 2000 évben · Jézus igaz tanítása: a földi lét értelméről és céljáról, az ok és okozat törvényéről, a gyógyulás előfeltételeiről, az Ő állatokhoz és természethez való viszonyáról, a halálról, reinkarnációról és életről, a férfi és nő egyenjogúságáról · Mit mondott Jézus az örök kárhozat egyházi tanításáról? · Jézus tanítása Krisztus Megváltó Tettének valódi jelentőségéről

www.gabriele-konyvaruhaz.com  1088 old.

| **Mi Atyánk** | CD ajánló |

**Meditatív szemlélődés
és meditatív ima a
Miatyánkhoz**

A meditatív szemlélődés
és ima során átélheti a
Miatyánk elmélyítését
Gabriele nővérünk,
korunk prófétája által.

A CD-n a két meditáción kívül négy zeneszám is található.

| **Virágzik - Valódi létünk** | CD ajánló |

Isten örök szellemének
különleges ajándéka
minden embernek.
Két meditáció:
Virágzik – 24 perc
Valódi létünk – 26 perc

*„Virágzik. Behunyjuk szemünket, és beleérezzük magunkat egy virágzó
mezőbe. Egy virágmező közepén állok. Körülöttem minden virágzik.
Érzem magamban a virágzás erejét. Érzem a lágy szellőt: Magával hozza
a virágok illatát, a virágzó bokrok illatát, a zsenge növények illatát.
Érzem az Élet finom illatát. Emberi gondolataim tovatűnnek. Minden
elhalványodik, ami eddig a percig foglalkoztatott. Többé már nem érzem
magam egyedül."*